“十二五”国家重点出版物出版规划项目

国家出版基金项目
NATIONAL PUBLICATION FOUNDATION

藏传佛教视觉艺术典藏

寺院建筑

付 平 摄影 冶存荣 编著

青海人民出版社

图书在版编目（CIP）数据

寺院建筑 / 付平摄 ；冶存荣编著. -- 西宁 ：青海人民出版社，2015.5（2018.6重印）
（藏传佛教视觉艺术典藏）
ISBN 978-7-225-04948-9

Ⅰ. ①寺… Ⅱ. ①付… ②冶… Ⅲ. ①藏传佛教－寺庙－中国－画册 Ⅳ. ①B947.2-64

中国版本图书馆CIP数据核字(2015)第070626号

藏传佛教视觉艺术典藏

寺院建筑

付　平　摄　冶存荣　编著

出 版 人　樊原成
出版发行　青海人民出版社有限责任公司
西宁市城西区五四西路 71 号　邮政编码:810023　电话:(0971)6143426(总编室)
发行热线　(0971)6143516/6137730
网　　址　http://www.qhrmcbs.com
印　　刷　兰州新华印刷厂
经　　销　新华书店
开　　本　787mm×1092mm　1/16
印　　张　6.5
字　　数　75 千
版　　次　2015 年 5 月第 1 版　2018 年 6 月第 2 次印刷
书　　号　ISBN 978-7-225-04948-9
定　　价　38.00元

出版前言

佛教起源于公元前6世纪的古印度，由一位姓乔达摩，名悉达多的迦毗罗国（今尼泊尔境内）太子创立，因其出生于释迦族，人们尊称他为“释迦牟尼”，意思是“释迦族的圣人”。

释迦牟尼的出生充满传奇色彩，相传他的母亲摩耶夫人有一日夜梦白象，醒来后已身怀有孕。怀胎十月，在回娘家的路上从右肋生下他。释迦牟尼出生后不久他的母亲就去世了，后来由他的姨母抚养成人，长大后娶妻生子。有一日外出去四城察看民情，看到许多人由于生老病死十分痛苦，心生悲悯，产生了出家求道、普度众生于苦难的想法，遂夜别妻儿，出家为僧，历经数年苦行修道，终于在菩提树下顿悟，创立佛教。

大约在公元7世纪，佛教经由中国内地、尼泊尔、印度传入西藏。在佛教传入西藏之前，西藏本土宗教苯教广为流传，并且有深厚的发展基础和信仰基础，西藏地区的贵族大都信仰苯教。佛教传入之后，长期和苯教进行斗争，随着西藏上层贵族的转变和统治阶级的普遍接受，佛教逐渐战胜苯教，深入到西藏社会的各个阶层。在吐蕃王朝时期，由于松赞干布、赤松德赞、赤祖德赞（史称“祖孙三王”）的大力支持，中国内地和尼泊尔、印度的许多高僧先后来到西藏，对佛教进一步在西藏的发展和广泛传播起到了很大的推进作用。这以后虽然经历了许多曲折（诸如朗达玛灭佛），但佛教在西藏的总体发展还是比较顺利的，这和历代统治者的支持是密切相关的。

佛教在和苯教的斗争中也吸收了苯教的许多因子，使佛教在西藏地区的发展具有本土化倾向，因而更为顺利。随着佛教的发展，逐渐形成了许多的流派（主要有宁玛派、萨迦派、噶举派、噶当派和格鲁派)，并且建立了各个派别的寺院。寺院的建立推进了藏传佛教的传播，也使藏传佛教的艺术得到了发挥的空间。在当时的条件下，为了能使普通大众更好、更快、更直观地理解佛教的教义，把抽象的教义通俗化，具象的绘画形式成为最好的传播和教育方式。随着普通大众的虔诚信仰和上层贵族的大力支持，各大教派在发展中形成了各自的显宗、密宗教义和传承体系，在藏传佛教的艺术发展上也各自呈现出不同的特点。虽然早期的藏传佛教艺术受到来自中国内地、尼泊尔、印度的佛教艺术影响，但随着佛教在西藏及其周边地区的传播和发展，更多地融入了本土文化的特点和本民族的审美取向。14 世纪以后，随着格鲁派的兴起和壮大，藏传佛教艺术也得到了空前的发展，广大的寺院艺人在学习尼泊尔、印度和中国内地的佛教艺术的同时，经过长期的艺术实践，吸收本民族的民间艺术形式，在艺术创作上达到了一个新的高度，这在许多格鲁派寺院的建筑、绘画、雕塑等方面都有表现。这一时期的艺术创作也逐渐成熟，构图精巧严谨、色彩搭配强烈、造型奇特夸张、线条流畅细腻，使这一时期的佛教艺术作品成为后世的楷模。

青藏高原是藏传佛教传播的主要地区，在寺院、博物馆和民间，珍藏着无数的藏传佛教艺术珍品。《藏传佛教视觉艺术典藏》采用独特的视角，以唐卡、壁画、法器面具、嘛呢石、塑像、曼唐、佛祖画传、坛城、酥油花、仲唐、寺院建筑、佛塔等为载体，直观地向读者介绍关于藏传佛教中佛、菩萨、护法神、法事活动以及在藏传佛教发展史上有卓越成就和贡献的高僧。从艺术的角度看，本书收集的各个时期的藏传佛教艺术代表作，有些是读者平时不易见到和了解的艺术珍品，有的甚至是孤品，配以通俗易懂、简洁明了的文字说明，使本套丛书在观赏、阅读等方面更具艺术感染力，也具有较强的收藏价值，可谓是本书的亮点所在。

藏传佛教艺术是藏族人民智慧和勤劳的结晶，是藏族人民精神的体现，在千百年的历史长河中生生不息，她是点亮神秘雪域高原的一盏明灯。

青海人民出版社

2014 年 6 月

目 录

藏传佛教寺院建筑综述

公元7世纪，随着佛教在西藏的传播并成为全民的主要宗教信仰，佛教寺院建筑也随之迅速发展起来，并且成为西藏古代建筑的主体。由于当时社会的大量财力、物力都消耗在寺院建筑上，因此这些建筑也是最能反映出藏族人民在建筑上所取得的成就。

当佛教最初传入吐蕃之际，吐蕃社会并没有从意识形态上加以接受，而是把它作为一种神秘的、神奇祥瑞的“宝物”供奉起来，类似于苯教神祇中瑞物的崇拜对象之一。藏文文献中记载有拉脱脱日年赞时期，雍布拉康宫殿天降佛教四宝，并虔诚供奉的历史故事。拉脱脱日年赞赞普把天降四宝佛塔、经书等供在宫殿一隅的殿堂，经常焚香、净水供奉，这就是后来藏传佛教寺院建筑发展之源。藏传佛教建筑从佛龛、佛堂衍变成寺庙建筑，彻底从宫殿建筑逐步脱离出来，是佛教在吐蕃社会的广泛渗透和松赞干布等统治者大力扶持之后的事。西藏历史上早期的寺庙建筑都是由吐蕃统治者投资兴建，发展到后来，才出现了佛教徒集资兴建寺院。

布达拉宫远眺

根据藏文史籍记载，吐蕃王朝松赞干布建大小昭经堂，以及108座神殿，这些宗教建筑还是不能称为“寺庙”的，因为寺内没有僧人。直到公元779年，藏王赤松德赞建成桑耶寺，并且在开光典礼上正式剃度僧人，这才标志着西藏第一座寺庙的诞生。公元10世纪至13世纪，经过朗达玛灭佛打击后的佛教，后弘期开始在西藏乃至全藏区再次兴起，许多新的大寺院相继出现。公元15世纪建造的甘丹寺、哲蚌寺、色拉寺、札什伦布寺的建筑，大体上反映了寺院建筑已经进入全盛时期。

藏传佛教寺庙可分藏式、藏印式、藏汉式和汉式几种。在藏区，有的地方几乎全是藏式；有的地方是藏印式；有的地方是藏汉式；也有一部分地方是汉式或以汉式为主的藏汉混合式。

藏式寺庙又可分建在平地的和建在山麓的两种，以后者居多。平地寺庙常取接近于规整对称的方式，作为构图中心的主体大殿形象最为突出，山麓地带的取自由式布局，没有总体轴线也没有事先规划，仍都遵循着一些布局的规则，如寺庙多北负山坡，南向平地，在后部高处安置体量高大、规模宏伟的经堂和佛殿，其外安排活佛府邸，在外三面围以大片低矮小院，居住一般僧人。一座大的寺院，多是在几十年的发展中逐渐完备。

桑耶寺

大昭寺

寺院建筑类型

一是经堂和佛殿。经堂称作“措钦”,是僧人们集体诵经和举行重大宗教活动的地方,活佛坐床讲经也常在这里举行,其面积大的有2000多平方米,能容纳上千名甚至数千僧人诵经。佛殿称作“拉康”,是寺院专设的佛堂,供奉佛和菩萨的地方。措钦大殿既是整个寺庙活动中心,也是建筑群艺术构图中心。佛教的教义、戒律、思想,对建筑群的总体布局或殿堂内部设计具有决定性的影响。如殿堂内部通过帷幕、色彩的处理造成光怪陆离的神秘气氛,殿堂内部一般都很幽暗,而佛像则十分光亮,以表现“举世浑暗,唯有佛光”的思想。经堂和佛殿一般都居于寺院中心,巍峨高大,金碧辉煌,是寺院建筑的精华之作。10世纪末到11世纪初后弘期以来,西藏乃至整个藏区修建的绝大多数寺院,基本上采用了以主殿为中心来布局整个寺院的模式。

二是各类学院。学院称作“扎仓”,视寺院大小,有各类扎仓,如属显宗学院的“参尼扎仓”、密宗学院的“居巴扎仓”、医明学院的“曼巴扎仓”、时轮学院的“丁科扎仓”、法舞学院的“乾巴扎仓”等。扎仓建筑由经堂、佛殿和前院组成,有的附设供应喇嘛饮食茶水的大灶房和辩论经典的辩经场。西藏许多寺院的扎仓下面,设若干个康村,康村是寺庙的基层学经僧团,其建筑称“扎夏”,由僧舍、厨房、小经堂、内院辩经场、各种库房组成。建筑一般为回字形内院式，层高以三至四层居多，有的高达五至六层。各类扎仓和措钦、拉康组合成为大型综合建筑群，形成寺院的建筑规模。

三是活佛府邸和僧舍。每个寺院都有若干个活佛和众多僧人，活佛府邸视佛位高低决定规模大小，有的一进两院或三院，由佛堂、经堂、卧室、客房、伙房等组成，也建的富丽堂皇。僧舍都建的比较简陋，

佛塔

一个小院，几间平房足矣。但众多的僧舍围绕在寺院经堂、佛殿周围，形成错落有致、层次分明的寺院建筑风格。

四是佛塔。佛塔在寺院建筑艺术中可称得上是点睛之作。几乎每个寺院都有佛塔，布局上有独尊塔、八尊塔、一百零八尊塔。从它们的外表造型和结构形式上来看，有这样几种：

1. 楼阁式塔：这种塔的每层间距比较大，一眼望去就象一座高层的楼阁。形体比较高大，在塔内一般都设有砖石或木制的楼梯，可以供人们拾级攀登、眺览远方，塔身的层数与塔内的楼层往往是一致的。

2. 密檐式塔：它是由楼阁式的木塔向砖石结构发展时演变而来的。这种塔的第一层很高大，而第一层以上每层的层高却特别小，各层的塔檐紧密重叠着。塔身的内部一般是空筒式的，不能登临眺览。有的密檐式塔在制作时就是实心的。即使在塔内设有楼梯可以攀登，而内部实际的楼层数也要远远少于外表所表现出的塔檐层数。富丽的仿木构建筑装饰大部分集中在塔身的第一层。

3. 亭阁式塔：是印度的覆钵式塔与中国古代传统的亭阁建筑相结合的一种古塔形式，也具有悠久的历史。塔身的外表就象一座亭子，都是单层的，有的在顶上还加建一个小阁，在塔身的内部一般设立

佛塔

佛龛，安置佛像。由于这种塔结构简单、费用不大、易于修造，曾经被许多高僧们采用作为墓塔。

4. 花塔：花塔有单层的，也有多层的。它的主要特征是：在塔身的上半部装饰繁复的花饰，看上去就好象一个巨大的花束，它可能是从装饰亭阁式塔的顶部和楼阁式、密檐式塔的塔身发展而来的，用来表现佛教中的莲花藏世界。它的数量虽然不多，但造型却独具一格。

5. 覆钵式塔：是印度古老的传统佛塔形制，在中国很早就开始建造了，主要流行于元代以后。它的塔身部分是一个平面呈圆形的覆钵体，上面安置着高大的塔刹，下面有须弥座承托着。这种塔由于被西藏的藏传佛教使用较多，所以又被人们称作“喇嘛塔”。又因为它的形状很象一个瓶子，还被人们俗称为“宝瓶式塔”。“喇嘛塔”又分作菩提塔、聚莲塔、法轮塔、神变塔、天降塔、和平塔、尊胜塔、涅槃塔等八塔。

6. 金刚宝座式塔：这种名称是针对它的自身组合情况而言的，而具体形制则是多样的。它的基本特征是：下面有一个高大的基座，座上建有五塔，位于中间的一塔比较高大，而位于四角的四塔相对比较矮小。基座上五塔的形制并没有一定的规定，有的是密檐式的，有的则是覆钵式的。这种塔是供奉佛教

佛塔

中密教金刚界五部主佛舍利的宝塔，在中国流行于明朝以后。

7. 过街塔和塔门：过街塔是修建在街道中或大路上的塔，下有门洞可以使车马行人通过。塔门就是把塔的下部修成门洞的形式，一般只容行人经过，不行车马。这两种塔都是在元朝开始出现的，所以门洞上所建的塔一般都是覆钵式的，有的是一塔，有的则是三塔并列或五塔并列式。门洞上的塔就是佛祖的象征，那么凡是从塔下门洞经过的人，就算是向佛进行了一次顶礼膜拜，这就是建造过街塔和塔门的意义所在。

寺院建筑的显著特点

寺院建筑艺术，经过一千多年的发展历程，所取得的成就是多方面的，其建筑艺术造诣是很深的，运用统一、平衡、对比、韵律、和谐、比例和尺度等构图规律，以此获取美的立体造型。

1. 金顶：金顶是藏地寺院建筑主要殿堂的标志，它采取梁架式结构，檐四周饰有斗拱，内部立柱支撑长额，其上构成梁架，用横梁柱托檩，构成金顶的坡度。

2. 门窗：寺院的门窗多为长方形，较内地门窗用材小，窗上设小窗户为可开启部分，这种方法能适应高原地区寒冷气候特点，可以防风沙。藏族人民有以黑色为尊贵的习俗，所以门窗靠外墙处都涂成上小下大的梯形黑框，突出墙面。考究的寺院常在土上掺加黑烟、清油和酥油等磨光，使门窗框增加光泽。门窗上的端檐口，有多层小椽逐层挑出，承托小檐口，上为石板或夯实土面层，有防水及保护墙面、遮阳的作用，也有很好的装饰效果。寺院大门经常成为装饰重点，门框刻有细致的连续三角形几何图案或卷草、彩画等。

3. 梁柱：梁柱是藏式建筑中室内装饰的重要部位。柱为木柱，一般无柱础，呈正方形、圆形、八角形以及“亚”字形。寺院经堂的柱头、柱身常装饰着各种花饰雕镂或彩画，主要图案有覆莲、仰莲、卷草、云

金顶

寺院中的壁画

纹、火焰及宝轮等，富有浓厚的宗教色彩。梁上常施彩画，梁头、雀替则多用高浮雕或镂空木雕装饰，涂重彩，色彩艳丽、浑厚，与室内木柱等连成整体，有一定的艺术效果。

4. 鎏金技术：藏族的鎏金技术是驰名国内外的特种工艺技术，有着悠久的历史。著名的大昭寺和布达拉宫以及藏族广大地区寺院的金顶，都有各种鎏金饰物，如宝塔、宝轮、金盘、金鹿、覆莲、金幢经幡、瑞兽等，在阳光下光彩夺目，具有鲜明的民族特色。

5. 彩画、壁画：藏族的彩画技术运用较为广泛。一类多用于内装修的木质部，如额枋、柱头、柱身、雀替、椽头、椽枋以及门窗棂和经堂、佛殿、主居室、会客室等天棚线脚等，一类用于墙面壁画，讲究者常常采用沥粉贴金，位置多见于殿内墙面、回廊、门廊两侧以及天井和藻井部分。

伴随着人类社会的进步，寺院建筑也得到了迅速发展，并演化出丰富多彩的建筑风格。在适应高原气候、地理环境等自然条件的原则上，结合了藏民族的审美习惯、文化传统，从而形成了因地制宜、就地取材、美观大方、坚固耐用、神秘多姿的寺院建筑艺术。可以说一个寺院一个建筑风格，众多寺院就形成了百花齐放的建筑艺术大观园。

本书分别就一些重点的寺院建筑艺术进行介绍。

装饰精美的门楼

布达拉宫

布达拉宫始建于公元7世纪的吐蕃王朝时期。最早见于《新唐书》记载，松赞干布“为(文成)公主筑一城，以夸后世”，对其规模和形象都有记录。当时在西藏尚无文字，有关它的资料也都是在后来的藏文著作中追述：“红山以三道城墙围绕，中心筑九层宫室，”“共为一千间，宫顶竖立长矛和旗帜，”“王宫南面为文成公主建九层宫室，两宫之间，架铜银合制吊桥以通往来。”宫殿“一切宫檐，以宝为饰。走廊台

阁，铃铎冷然，像帝释宫一样辉煌壮丽。”这些描述的建筑，被焚于雷火，幸存部分，以后又遇灭佛等多次社会动乱，遭到破坏。公元10世纪以后由于各地奴隶主之间的纷战，教派的争斗，使拉萨变得冷落，遗址也一直作为佛教场所使用。

公元1642年，蒙古和硕特部王固始汗在战胜藏巴汗之后成为绝大部分藏族地区的统治者，尊第五世达赖喇嘛为宗教领袖，政治中心又回到了拉萨。1645年，采用西藏各地政权的宗山建筑传统形式，在早期布达拉宫的遗址上动工建造宫堡，先建成白宫，后建造红宫。布达拉宫占地约40公顷，是由山上宫

雄伟的布达拉宫

堡群，山下方城和山后龙王潭花园三部分组成。

宫堡群是用块块巨石依山势建造，主体建筑居山顶最高处，占据了整座山头，两侧为附属建筑，总平面呈不规则形。在宫堡群中央外墙涂红色部分为红宫，藏语称“颇章玛布”，是在白宫竣工后修建的。红宫在位置和规模上都比白宫重要和宏大。红宫总高13层，依山坡分三段向上建造，底下4层沿山壁砌筑实墙，外涂白色，为晒佛台，再上4层作地龙墙，五层以上布置佛殿、灵塔殿等。除了顶层有7座汉式金瓦顶外，其余为藏式平顶建筑。西面与第十三世达赖喇嘛灵塔殿及僧侣宿舍(藏语称“扎下”，外墙白色)相连，五世、七世达赖喇嘛及以后历世达赖灵塔、灵塔殿、佛殿等都集中在这里，是历世达赖喇嘛举行宗教活动的主要场所，成为布达拉宫的寺庙部分。平面为方形，在地龙墙以上五层的中心部分，上

下布置两座殿堂，底层是西大殿，为第五世达赖喇嘛灵塔殿前的享殿，大殿四面分别建有灵塔殿、佛堂，殿堂大门都朝向大殿。西面为第五世达赖喇嘛灵塔殿，门上悬乾隆二十五年御书“涌莲初地”匾额，匾下置达赖宝座。灵塔殿中间三间高至楼顶，盖金瓦歇山顶，两侧各为四间，高三层，正中供康熙二十九年(1690 年)造第五世达赖喇嘛灵塔，左右两侧分别为第十、第十二世达赖喇嘛灵塔和八座佛塔，面向东。南面为持明佛殿，面阔占大殿全部南壁，进深三间，高二层，为一窄长空间。西大殿内装修肃穆庄严，44根内柱用兰白花图案氆氇包裹，柱头、托木、梁架雕刻佛像，绘有动物、花卉等吉祥图案，四壁绘制以第五世达赖喇嘛生平故事为主要内容的壁画。大殿内及四面佛堂内的柱头、托木、梁架等施彩画，东、南、西、北四方分别施红、绿、白、黄不同颜色，是按照观音坛城的色彩设计的。佛堂内所奉灵塔、佛像以及佛

布达拉宫白色的墙

台装饰所用金、银、宝石、珍珠、玛瑙、松石等琳琅满目，木雕、石雕、金银浮雕具有藏、汉、梵式多种风格。

在西大殿的上面是壁画廊和供养殿，壁画廊四壁除佛殿殿门以外，画满以总管第巴·桑结嘉措生平和布达拉宫修建历史为主要题材的壁画。壁画廊环西大殿，西大殿顶上为铜瓦汉式庑殿顶，是供养四周佛殿及七、八、九世达赖喇嘛灵塔殿的拜殿，这里终日酥油灯通明，香烟缭绕，建成后被桑结嘉措赞为"光明普照，芳香遍宫"，充满了宗教气氛。

在红宫地龙墙以上第三层有一间法王洞，传说松赞干布在此修行。现存佛殿为东西略宽的方形平面，面积约 27 平米，殿内奉松赞干布、文成公主、尺尊公主塑像及吐蕃大伦禄东赞和大臣吞米桑布像，左右三面有转经廊，廊内有突出地面的山石，由此可断定为红山顶，是史书记载的法王洞位置，这也是我们今天确定吐蕃时期布达拉宫位置的依据。在法王洞上面是观音堂，传说也是布达拉宫的早期建筑，为建红宫时重修。佛堂平面方形，上覆六角攒尖金瓦顶，门口上方悬有清同治帝御书"福田妙果"匾额，堂内四壁布置佛龛，正中为鎏金重檐龛，奉松赞干布本尊旃檀自在观音像，传说是宫内传世之宝。

红宫中心部位最高处建殊胜三界殿，藏语称"萨松朗杰"，为东西阔五间、南北深三间的长方形平面。在殿内靠北壁供奉写有汉、藏、满、蒙四体字"当今皇帝万岁万万岁"牌一块。清朝时，达赖喇嘛在此

殿向牌位、皇帝画像行礼，另外在此亦用清廷制定的金奔巴瓶掣签，决定达赖、班禅灵童的仪式。

宫堡的东面是白宫，藏语称为“颇章嘎布”，因其外墙涂白色而得名，总高七层为藏式平屋顶建筑，西面与红宫相接，东面为宫前东欢乐广场（藏语称德央厦），广场两侧建回廊与东面僧官学校相连。自第五世达赖喇嘛以来，历世达赖喇嘛坐床典礼和举行重大活动都用东大殿，居住用的东、西日光殿，经师、摄政的办公用房等都设在这里，是达赖喇嘛进行政务活动和生活起居的地方，成为布达拉宫的宫殿部分。

白宫主殿崇青厦俗称“东大殿”，方形平面，坐北朝南，是藏式集会殿（都纲）常用的形式，北壁置千

壁画中的布达拉宫

佛龛，龛前设达赖宝座，座上方悬挂同治御笔汉、满、蒙、藏四体文“振锡绥疆”匾。殿门在东壁中央，门外为前厅和前廊，前部经扶梯和大石阶向下至宽阔平坦的东欢乐广场，广场用石板铺地，周围建有二层回廊，是达赖喇嘛及上层僧俗官员观看跳神打鬼和藏戏表演的场所。

白宫作为整个建筑的重要组成部分，是达赖喇嘛居住和处理政教事务的场所，其外墙皆涂白色而称谓白宫。“白”是吉祥的象征、温和的表现、善良的代表，白色总是和吉祥、好善联系在一起。藏族对善行、好事、利人之事称为“白事”。在人们的心目中，白色的建筑群体使人感觉安宁、清静、和平、美好。同时在高原强烈的阳光下，白色异常夺目耀眼，洁白的建筑形体与蔚蓝的天空形成了色彩明朗、和谐的最佳美感效果。而红宫则是供奉历代达赖喇嘛灵塔之祭堂，是整个布达拉宫群体建筑的高潮。藏族认为，红色是权力的象征，是英勇善战、斗志旺盛的刺激色，它可以使亲者振奋，使敌人丧胆，而人们又以红色为尊严，以此纪念宗教领袖及英雄人物。

高耸笔直的宫殿

沿山壁用石块砌造的实墙

精美的建筑装饰

松赞干布与文成公主雕像

布达拉宫内景

根据第五世达赖喇嘛之意，要将布达拉宫建成为全西藏最大的宗山，在宫堡建筑群四方建筑四座大堡，在堡内建护法神殿，藏语称“觉”。在西面建有圆堡称“吉布觉”，红宫北面较小的方堡称“丹玛觉”，红宫东南角建一座比较大的方堡是“厦千觉”，在最东端建圆堡称“玉杰觉”。

布达拉宫的北面是高耸笔直的宫殿后墙，故不另筑宫场保护，只在东西两侧筑墙与山下方城相接。方城同其他宗山一样，藏语称“雪”，即宗山下的意思。东、西、南三面各筑一座大门，南墙东西两角各建一座角楼。城内有为布达拉宫服务的行政建筑，僧俗官员住宅、印经院、马厩、骡院、炮库等。

布达拉宫下部是沿山壁用石块砌造的实墙，开有盲窗如同楼层，使整座布达拉宫犹如生根于布达拉山岩之中。建筑群利用山势地形，错落布置，使它们与山丘浑然一体，增加了布达拉宫的总体量；突出上山阶道外侧的阶梯形线条，拉长了上山阶道的长度，更加增强了布达拉宫建筑高耸、雄伟的感觉；采用较大的墙身侧脚，增加了建筑的稳定感等等。这都是集中了藏族工匠的智慧，用夸张对比的手法，来表现布达拉宫的雄伟。在色彩运用上，根据建筑不同内容外墙涂色，在大片红色、白色石墙上，配以黑色梯形窗套和檐部深红色柽柳根檐墙，在蓝天衬托下，色彩对比非常强烈。在佛殿装修上，室内墙壁、梁架、柱头、栏杆等也都饰满壁画、雕刻和彩绘，万尊佛像以及嵌满金、银、玉石、珠宝的佛塔和灵塔等都是研究西藏历史、艺术和佛教文化的宝贵资料。

布达拉宫整体为石木结构，宫殿外墙厚达 2～5 米，基础直接埋入岩层。墙身全部用花岗岩砌筑，高达数十米，每隔一段距离，中间灌注铁汁，进行加固，提高了墙体抗震能力，坚固稳定。

屋顶和窗檐用木制结构，飞檐外挑，屋角翘起，铜瓦鎏金，用鎏金经幢、宝瓶、摩蝎鱼和金翅鸟做脊饰。闪亮的屋顶采用歇山式和攒尖式，具有汉式建筑风格。屋檐下的墙面装饰有鎏金铜饰，形象都是佛教法器式八宝，有浓重的藏传佛教色彩。柱身和梁枋上布满了鲜艳的彩画和华丽的雕饰。内部廊道交错，殿堂杂陈，空间曲折莫测，置身其中，如步入神秘世界。

布达拉宫修建在拉萨平原中突起的红山之上，当年沿山修建了九百九十九间宫室，连同山顶红楼共一千间，其规模是空前的。据藏文史籍记载，四周建有数十里的围墙城垣，城墙高达数十米。“飞檐女墙，走廊栏杆，以宝严饰；铃声震荡，声音明亮，建造辉煌壮丽。论其精美，则等同于大自在天之胜妙宫殿；论起坚固，设其强邻寇境，仅以五人则可守护。”布达拉宫的整体设计与建筑造型结合的相当巧妙，宫殿依山势修建，群楼重叠，高低错落，起伏有致，殿宇嵯峨，金顶辉煌，气势宏伟，举世瞩目，是西藏宫堡建筑最杰出的代表。

大昭寺

大昭寺，古称“罗娑白哈尔”，始建于公元647年，是由松赞干布、唐文成公主和尼泊尔尺尊公主共同兴建的，距今已有1300年的历史，后经历代扩建，才形成了现在的5座金顶、108个佛殿，统摄宁玛、萨迦、噶举、格鲁等藏传佛教的四大教派和各教派所崇奉的佛、菩萨、本尊、祖师、护法诸神像。

以前，这里是卧塘湖，“卧塘”是拉萨最早的名称，意为牛奶丰盛的坝子。据说文成公主测定卧塘湖为女魔的心脏所在，必须用1000只白山羊驮土填湖建寺方可镇其魔心。相传，当时上千只白山羊驮土往返于湖边，甚是壮观。为感念白山羊的功德，藏王吩咐匠人，在寺内大堂一角雕刻了一只白山羊，至今它依然卧在西南神殿的一隅，大昭寺也因此被称作“山羊驮土建成的神奇寺庙。”

大昭寺

大昭寺坐东向西，大殿高四层，殿顶覆盖着独具一格的金顶，顶脊上熠熠生辉的法轮、卧鹿、金幢，十分壮观。殿门边框上，雕刻着莲花、飞天、禽兽，具有唐代建筑风格。主殿二、三层檐下，有成排的木雕伏兽和狮身人面泥质的半圆雕塑。寺院的中心是祖拉康(大雄宝殿)等经堂、神殿群。祖拉康的下层有21个经堂，其中最受信众敬仰的是觉康。这个经堂是大昭寺最重要的经堂，也是西藏佛教各教派共同的主经堂，特别是“觉卧佛”最为珍贵，是文成公主进藏时迎请来的释迦牟尼12岁等身像。大昭寺三楼共有16个经堂，供奉各类菩萨和护法神，也有达赖喇嘛和班禅的行宫，四楼为四角神殿。此外，绕祖拉康的北、东、南三面廊道墙边设有鎏金铜质的玛尼转经筒108个。

金顶

法轮

建筑

廊柱

大昭寺在历史上经过四次维修和扩建而逐步形成现在的规模，其中中心佛殿的第一、二层建筑为最早时期的建筑遗迹，布局明显受到了印度僧房建筑的影响，与印度著名佛教寺院那烂陀寺的僧房布局极为相似，这两层建筑平面布局略成方形，门西向，外侧砌砖、石承重墙，内侧为木构架，二者组合成内院式建筑。其中，一层前壁正中为前凸的门庭，门庭中间开殿门，殿门内两侧沿前壁建有4座小殿。左、右、后壁前各建有一排5间小殿，中心佛殿的开间较大，尤其是后壁即东壁中心佛殿，面积与西壁门庭面积基本相同。四周小殿与中心方形天井之间为立柱支撑的回廊，为礼拜道，从而形成了东西与南北相互对称、内含回廊和天井的方形建筑模式。殿门、廊柱、门额、门楣装饰华丽，均雕有佛传故事、因缘故事、飞天、力士和云纹等浮雕。廊柱的金刚橛造型十分独特，柱身被劈成三段不同形制的断面，其上段装

廊柱彩绘

饰浮雕，下段断面为方形，中段断面为八角，每面上下缘皆分成两格，其间雕饰花纹，而上段自下向上依次为方形、八角、圆形和方形层叠块面，方形块面中分别雕饰珍宝或花叶，八角块面中雕饰花纹，圆形块面中雕饰重层仰莲，上层仰莲扁长，与拱形托木连接，托木两端雕飞天、动物或花草，正中雕人物，托木之上设枋、椽，其上建有出檐的木质卧狮108只，其中部分狮子造型类似于狮身人面像。每个卧狮浮雕在胸部都饰有一个铃圈，其下悬垂有一面圆镜。木质门框、廊柱的形制和浮雕的风格，与印度6世纪阿施陀石窟中流行的样式和风格相似。

经过1300多年风雨战火洗礼而巍峨挺立的大昭寺，是西藏历史上建造最早的寺庙建筑之一，当初的目的是为了供奉诸佛菩萨造像，安请佛国世界的神灵，从而接受信徒们虔诚的顶礼和膜拜。寺庙主殿是整个建筑的中心，以释迦牟尼佛为主的众佛国神灵，呈金字塔结构按其等级安请在主殿及其配殿中。模仿吸收印度与中国中原唐朝的建筑布局和模式，是早期寺庙建筑的主要特点之一。

卧狮木雕

转经筒

哲蚌寺

哲蚌寺位于拉萨市以西 10 公里处的更培乌孜山南坡，三面环山，南面是一片慢坡地，由树木和灌木覆盖着，前临拉萨河及开阔的谷地平川，整个寺院依山势逐级修建佛殿、经堂、扎仓、僧舍，群楼耸立，层次错落有致，规模宏大。在哲蚌寺大兴土木之前，据说这里只有降央曲结修法的山洞和小庙，旁有白塔两座。以后大规模的寺院建筑就是以此为中心修建起来的。

鳞次栉比的白色建筑群依山铺满山坡，远望好似巨大的米堆。“哲蚌”意为“雪白的大米高高堆聚”，即“米聚”，象征繁荣，全称“吉祥米聚十万尊胜洲”。哲蚌寺是藏传佛教格鲁派六大寺院的首寺，寺内文物典籍举目皆是，历史上曾定编僧俗 7700 人，实际达到过 8000 多人。哲蚌寺初建于公元 1416 年，由宗喀巴的弟子降央却杰·扎西丹贝所建。建成后，宗喀巴曾亲往主持“开光”仪式。17 世纪上半叶，五世达赖喇嘛阿旺·罗桑嘉措又进行了扩建。

哲蚌寺

寺内最重要的建筑是措钦大殿(大经堂)、四大扎仓(学院)、甘丹颇章宫(二世至五世达赖喇嘛的住处)以及50个康村和僧舍等。各个建筑单位之间既相互联系,又自成体系。规模宏大、雄奇庄严的措钦大殿位于哲蚌寺中心,布局错落有致,占地4500多平方米,竖有木柱183根,可容僧人7000~10000名,是全寺僧人诵经和举行仪式的场所。殿前门廊由8根大木柱支撑,门廊逐24级石阶而下有一大广场,是寺院的辩经场。大殿之后的左边配殿是三世佛殿,藏语称"堆松拉康",这是哲蚌寺的早期建筑,供奉着过去、现在、未来的燃灯、释迦牟尼、弥勒(强巴)佛,右边的配殿内供奉着各种佛经。大殿西侧"龙奔康"全是灵塔。

哲蚌寺

哲 蚌 寺
DREPUNG MONASTERY

措钦大殿二楼南厅为全寺的总管拉基堪布办公之地，也是各扎仓堪布聚会议事之所。措钦大殿三楼有祖师殿藏经阁和强巴通真佛殿，供奉着强巴佛8岁身量铜像。措钦大殿四楼主殿“觉拉康”主供释迦牟尼说法像，两旁还供有银塔13座。侧殿为罗汉堂，内供奉佛教中的历代祖师和罗汉等神像，并供奉有哲蚌寺主要大活佛的报身像。

哲蚌寺有四个扎仓，即果芒、洛色林、德央和阿巴扎仓。其中洛色林扎仓的规模最大，主经堂由108根圆木柱组成，面积1100平方米，可容纳5000名僧人同时诵经。果芒扎仓经堂由102根木柱组成，面积1000多平方米，内设结巴拉康、敏主拉康、卓玛拉康等，并列与大经堂的最后面。不拘一格的德央扎仓主经堂由56根圆木柱组成，面积500多平方米，供奉主佛为维色强巴佛，其建筑粗厚古朴。布局严密的阿巴扎仓密宗殿有48根圆木柱组成，面积达480平方米，修建高耸严密，殿中供奉“吉几”佛，即九头三十四臂十六腿的胜魔怖畏金刚像，是黄教密宗三大本尊之一，是文殊菩萨的化身，传说是大法王宗喀巴亲手塑造。

典型的藏式窗户

法事活动

哲蚌寺“甘丹颇章”是达赖喇嘛的寝宫。在重建布达拉宫以前，五世达赖喇嘛阿旺·罗桑嘉措一直住在甘丹颇章宫里，并在那一时期执掌了西藏的政教大权，甘丹颇章也就成了西藏地方政府的同义词，一般称作“甘丹颇章政权”。甘丹颇章由第二世达赖喇嘛根登嘉措于公元1530年兴建，宫室共七层，分前、中、后三幢建筑。前院系地下室的各类仓库。二层院落场地面积大400多平方米，四周皆僧舍游廊，每年的雪顿节都在这里举行；三楼的东、南、西三面系僧舍和游廊；四、五楼中有部分僧舍，但经堂佛殿较多；六楼设有佛堂，但主要是达赖喇嘛属员办公的地方；七楼为达赖喇嘛生活起居之所，有达赖喇嘛的经堂、卧室、讲经说法堂、客厅等。后宫“贡嘎热”庭院内设经堂，该寺的文物都在这里陈列。富丽堂皇的甘丹颇章是西藏大型建筑的代表，在建筑外部又采用金顶、法轮、宝幢、八宝等佛教题材加以装饰，增强了

佛教的庄严气氛，使建筑整体上显得更加宏伟壮观。

哲蚌寺所有大殿和主要经堂均覆以金顶，加有法轮、宝幢等装饰。多姿多彩的装饰与高耸林立的殿堂楼宇交相辉映，巧妙地形成藏传佛教寺院奇特庄严且富丽堂皇的景象，其内部基本分为三个地平层，即院落地平、经堂地平和佛殿地平，形成由大门到佛殿逐步升高的格局。

哲蚌寺俨然一座江南小镇，巷道纵横交错，鹅卵石铺就的小路伸向各个巷道，穿行在一个个殿堂之间，显得古朴而神秘。想当年，哲蚌寺只是一个十几平方米的小殿堂，只有7名僧人，后来发展成为格鲁派的首寺，实属不易。

大殿

色拉寺

“色拉”藏语意为“野蔷薇花”或“野玫瑰花”。但“色拉”的说法有两种：一说“色拉”意为“冰雹”，据说该寺兴建奠基时下了一场猛烈的冰雹，故该寺建成后名为“色拉寺”；一说因该寺兴建在一片野蔷薇花盛开的地方，故又名“蔷薇寺”。

色拉寺位于拉萨北部的色拉乌孜山，寺院建筑宏伟，屋宇毗连，重楼叠阁，异常壮观。该寺建于1419年，是由宗喀巴弟子降钦却杰·释迦也失修建的。释迦也失代表宗喀巴两次去南京受到明永乐帝的盛情接待，封释迦也失为“大慈法王”。公元1416年5月，释迦也失返藏时，永乐帝赐黄牛80头、绸缎数千匹，还有佛像、幡幢、法器、衣物、文绮、金银器皿等。公元1419年(永乐十七年)，释迦也失用明廷赏赐的大量财物，修建了色拉寺。18世纪初，蒙古族首领固始汗对色拉寺进行了扩建，使它成为格鲁派六大寺院之一。

嘛呢石刻

嘛呢石刻

色拉寺的主要建筑有措钦大殿和麦巴扎仓、结巴扎仓、阿巴扎仓及32个康村。措钦大殿位于寺院东北部，是全寺主要集会场所，也是寺内最大的殿堂，1709年由固始汗后裔拉藏汗直接赞助修建，有180根木柱，面积1092平方米，可容纳5000僧人同时诵经。大殿共四层，正殿内主供一尊高度超过二层楼的强巴佛和释迦也失的塑像。措钦大殿内建有四个拉康（佛殿），即乃堆拉康、甲央拉康、宗喀拉康和土其拉康。措钦大殿二层两则为僧舍，后部正中为强巴佛殿，强巴塑像两侧供有贡如坚赞桑布灵塔、杰第曲吉村灵塔和一座尊胜塔。佛殿两侧是慈悲殿，面积很小，主供千手千眼观音，以及度母、六臂金刚等。三、四层为措钦大殿堪布赤巴（法台）的居室、经堂和"喇吉"（色拉寺管理机构）的场所以及达赖喇嘛来寺讲经时的居室。大殿的殿顶为汉式风格的歇山式顶，覆以鎏金铜瓦，装饰歇山宝盘、宝珠、幡幢、人身神鸟，四大翅角饰摩羯鱼首，金顶下采用内地的斗拱形成式檐，更增加了大殿的宗教气氛。

三个扎仓的情况是：

麦巴扎仓为色拉寺最早的建筑，始建于1419年，由该寺创始人释迦也失主持兴建的。据说原来的殿堂毁于雷击，现在的扎仓是1716年由贡钦·强曲班巴重建的，位于色拉寺西南，面积为896平方米，由75根大柱建成。殿内有四层，分为5个拉康，即宙康、贡康、乃堆拉康、宗喀拉康和托巴拉康，殿内主供释迦牟尼佛。麦巴扎仓二楼还有太阳神殿（尼玛拉康）、甘珠尔经殿（甘珠尔拉康）。

白色的外墙

结巴扎仓为宗喀巴弟子贡钦洛真·罗珠僧格于公元1435年兴建。罗珠僧格系后藏人，年轻时拜释迦也失为师，后从宗喀巴习显、密教法，并依宗喀巴意愿建结巴扎仓，为第一任堪布。至17世纪中叶固始汗进行了扩建，殿内有5层7个拉康，即堆松拉康、旦曾拉康、列玛拉康、宗喀拉康、嘉央拉康、土其拉康、岗竖拉康等，大殿由100根大柱组成，面积为1000平方米，是色拉寺最大的扎仓。

阿巴扎仓属密宗扎仓，始建于1559年，是色拉寺早期建筑，为固始汗曾孙拉藏汗的诵经修法院。据说该扎仓由释迦也失初建，当时作为色拉寺的措钦大殿，1709年现措钦大殿建成后，始改为扎仓。大殿面积有1000多平方米，分四层，由经堂和四个拉康组成，即唯巴拉康、乃堆拉康、杰吉拉康和昌巴拉康。阿巴扎仓二楼为僧房和无量光佛殿，殿中供有无量光佛合金像、贡若坚村桑布包银灵塔、杰尊曲结坚村包银灵塔，还有一座拉藏汗出资修建的善逝塔。三楼主要作为达赖的卧室。

色拉寺的规模宏大，依山就势而建，寺前有流沙河流淌而过。寺院占地约11.5万平方米，建筑以措钦大殿和三大扎仓等主体建筑为中心，穿插布置了数十座康村。色拉寺的建筑外观颜色一致，主体建筑形体高大，具有统领全局的作用，使整座寺院显得主次有序。寺内所有屋舍均为石木结构，屋顶覆阿嘎土，白色外墙的上部装饰紫黑色贝玛草，具有浓郁的藏式风格。

藏式风格的建筑

甘丹寺

据史书记载，甘丹寺始建于公元1409年，是格鲁派创始人宗喀巴在贵族仁钦贝和仁钦伦布父子的资助下创建的第一座黄教寺院，全称“甘丹郎杰林”，亦称“甘丹强巴杰维林”，也有译为“极乐寺”或“具善寺”的，雍正十一年(1733年)，清世宗赐名“永寿寺”。“甘丹”取“受乐之足”之意。宗喀巴及其弟子们常住寺内，为此人们又把他们称作“甘丹寺派”，宗喀巴的宗教理论亦称为“甘丹必鲁”，简称为“甘丹派”，后来演变为“格鲁派”，意思是“善律派”。甘丹寺的建立，标志着宗喀巴及其追随者已以独立于其

他教派的姿态出现在佛教界。甘丹寺的修建，标志着格鲁派有了根本道场，使其在“宗教改革”的基础上正式建立起来了。

甘丹寺位于西藏达孜县境内的旺固尔山卓·日窝且的山坳里，据拉萨 57 公里。寺庙占地面积 15 万平方米，建筑面积达 8 万平方米。1409 年，宗喀巴大师看见在旺固尔山即卓·日窝且建寺的时机成熟了，他就在拉萨祈愿大法会上，在大昭寺释迦牟尼像前祈祷，以求信徒们的支持，祈求佛祖从灯火和梦中指示征兆。最后得到兆示是“一切之中仍是以卓·日窝且为善”。大师梦醒后，亲自到卓·日窝且山地去看，并对地基作了加持。不久后，大师的弟子们便在卓·日窝且山聚集，遵照宗喀巴大师的意愿在此地建

错落有致的建筑

甘丹南巴杰维林寺(意思是“喜足尊胜洲”),附近的僧人和施主都来献宝与财物。首先是修建了以寝宫为主的僧舍70多间,同时铺好地基100多处,在达孜宗(县)宗本索朗多杰的资助下,于当年(1409年)建成了3层高的大殿(措钦大殿),大殿主供的是强巴佛(弥勒佛)。在第二年的二月初五,宗喀巴大师亲自主持了甘丹寺的开光仪式。甘丹寺历经几百年的沧桑,如今面貌焕然一新,纵观全寺,佛殿经堂林立,鎏金房顶高耸,灵塔坛城雄伟壮丽,僧舍密布,各种建筑依山层叠,俨然是一座幽静的山间小城。每当朝阳初升,建筑群抹上一层金黄色光芒,更显得悠远、神秘而辉煌。显而易见,建筑师们在传递一种攫人心魄的宏大神奇色彩,这种匠心既体现在寺址的选择上,也表现在建筑群体的主体设计上。寺内主要建筑有措钦大殿、宗喀巴寝殿、羊巴健经院、宗喀巴灵塔祈殿、降孜扎仓、夏孜扎仓及23个康村。

措钦大殿建于1409年,宽44米,深45米,有大柱108根,可容纳3300名僧人同时诵经。最初是在达孜宗本索朗多杰的资助下修建的三层大殿,约在1720年由藏王加盖了金顶,公元1749年由晋美多吉进行了扩建,逐步形成了现在的规模。殿内主供的是未来佛强巴佛,后增供宗喀巴鎏金铜像。大殿中有一根大柱很奇特,它离开地面有一掌厚的距离,据说这根大柱还有一段神奇的传说,相传在修建甘丹寺时,为了使大殿更加牢固,宗喀巴大师决定在大殿中间立一根大柱撑住殿顶,可是找遍拉萨地区也找不到那么高大的树木,后来,在西藏东部的原始森林里找到了大树。于是,宗喀巴便派人去砍伐,砍时大

树直流血，大家非常恐慌。树砍倒以后，便往回运，途中住宿时大树却不见了，找到时大树已回到原地。他们再次把大树砍倒日夜不停往回运，终于运到了甘丹寺，经木匠修正后竖在大殿正中，但是大柱不肯支撑而离地一掌，从此，凡到甘丹寺朝佛的人们都要摸一摸柱底，以祈祷吉祥。整个措钦大殿装扮得金碧辉煌，加上四周优美的壁画，高悬的幢幡装饰，华丽的柱体梁枋，琳琅满目，犹如龙宫宝殿。

寺院内景

精美的壁画

宗喀巴寝殿也叫“赤妥康”,是宗喀巴和历任甘丹赤巴生前起居、修习秘法之所,建于1409年,1720年索朗多杰进行了扩建,七世达赖喇嘛格桑嘉措时期加盖了金顶。殿内主供文殊菩萨、尊胜佛母和大白伞盖佛母等鎏金铜像,殿内还设有黄教修习密法的本尊坛城,即桑旺夺巴(密集金刚)、顿曲(大乐金刚)、继吉(大威德金刚)、多吉恰(金刚手佛)等4个“金科”(即坛城),并有宗喀巴生前用过的袈裟、坐垫、印章等。由于殿内保存有宗喀巴及历任甘丹赤巴用过的衣物,因此也称“存衣殿”。

宗喀巴灵塔祈殿,即“色东康”,高3层,面积达360平方米。1419年10月25日宗喀巴在赤妥康圆寂,1420年由他的弟子玛仁钦等修建了灵塔祈殿,并用900两白银在殿内修建银塔一座,保存宗喀巴的肉身遗骸。灵塔初为银皮包裹,后到第十任甘丹赤巴根敦平措时,据说罗桑丹增(固始汗之孙)将青海地区所属一年的税收购换成黄金包裹于灵塔,并饰以各种名贵珠宝,成为一座极其富丽堂皇的金塔。1921年,十三世达赖喇嘛土登嘉措对塔殿加以修葺装饰,其外表更为华丽。灵塔左右还供有江央藏巴等祖师塔7座。宗喀巴的灵塔外罩有蒙古包状的檀香木帐幕,帐内饰以帘幔,塔顶覆以伞盖,十分华美。以后,每任甘丹赤巴圆寂后都在这个殿内修建灵塔,目前,这里陆续修建了95座灵塔。

羊巴犍经院,高4层,殿内有木柱72根,面积800平方米,于1409年修建,1416年建成,1610年四世班禅罗桑曲结加盖了金顶。当措钦大殿建成后,宗喀吧对他的弟子说:“修供之事,如果在僧会大殿中

斑驳的墙面更显历史沧桑之感

寺内精美的塑像

进行未得灌顶诸人若见曼陀罗(坛城)等,是有大碍的。因此必须另有一所比较幽静的修供的殿堂”。他的弟子遵照他的意愿,修建了羊巴犍经院。在殿后的墙下角有一块巨石,据说是由印度羊巴犍地方飞来的,故此殿的名叫“羊巴犍”。修建羊巴犍殿的经费全是各地的信徒们供奉的,在当初修建时,建造佛像的红铜有点缺乏,后来从各地献来了许多红铜罐,大大小小的共有108件,再加上其它的红铜,修建佛像的建材才备齐了。羊巴犍大殿建成后,从各地召集来了许多能工巧匠建造佛像,在大殿的中后殿塑造了佛祖释迦牟尼像,它比大昭寺的12岁等身像高10厘米,这就是著名的旃檀般戒香的释迦戒香像。在大殿的上后殿中塑造了32尊密集金刚立体曼陀罗、62尊胜乐曼陀罗和金刚界立体大曼陀罗等密宗佛像和坛城,全都是以珠宝制成,价值连城。

降孜扎仓(意为北顶僧院),原是第二任甘丹寺赤巴(法台)克珠杰的寝宫。由宗喀巴亲传弟子霍尔顿·郎嘎白瓦兴建，经堂用84根大柱建成，面积达930平方米，可容纳1500名僧人念经。

夏孜扎仓(意为东顶僧院)，是宗喀巴亲传弟子夏尔巴·仁钦坚赞所修建。经堂用88根大柱建成，面积1000平方米，可容纳1500名僧人念经。

甘丹寺还有四个神殿，即"里玛神殿"。内供大庆法王扎巴尖赞献给宗喀巴的释迦牟尼降魔像和以大威德怖畏金刚坛城为主的宗喀巴修学密宗的各种本尊像100多尊。"释迦能仁殿"主供释迦牟尼佛、强巴佛、文殊菩萨及宗喀巴等10多尊神佛像，据说该殿由第五任甘丹赤巴洛卓曲迥兴建。"上师殿"内供奉有宗喀巴及贾曹杰、克珠杰"三师徒"为主的鎏金铜像10多尊。"五供殿"，殿中有宗喀巴的牙齿、舍利子，有自然形成的石纹文殊菩萨及宗喀巴的主要本尊大白伞盖佛母唐卡，有克珠杰亲手塑造的宗喀巴泥像。

1980年以后，对寺院进行了彻底维修，以致成为今日之规模。

扎什伦布寺

扎什伦布寺，位于日喀则市西南的尼色尔山麓，建筑面积达30万平方米，大小金顶14座，扎仓4座，灵塔祀殿等大小经堂56座，是后藏最大的寺院。整个寺院依山势栉次而上，楼舍参差错落，庙宇嵯峨耸立，金顶红墙蔚为壮观。

1446年，宗喀巴弟子根敦珠巴为纪念去世的经师喜饶僧格，聘请西藏、尼泊尔工匠在日喀则精心制作了一尊高2.7米的释迦牟尼镀金佛像。为安放这尊佛像，根敦珠巴在帕竹政权的资助下，于公元

1447年(明英宗正统十二年)动工修建,历时12年将所造之像置于该寺净房内。开始寺庙的名称叫“岗坚曲培”(意为“雪域兴佛寺”),寺庙建成后,更名为“札什伦布巴吉德经钦却唐皆南巴杰雄林”(意为“吉祥宏固资丰福聚殊胜须弥诸方洲”),简称“札什伦布寺”。

1600年,四世班禅罗桑曲吉31岁时,受札什伦布寺之邀,担任该寺第16任法台,自此,札什伦布寺成为后藏黄教寺院之首——班禅额尔德尼的驻锡地。后经历代班禅不断扩建,札什伦布寺才逐步成为铜佛高耸、金碧辉煌、雕刻精美、壁画生辉的宏伟建筑。

札什伦布寺主要建筑有措钦大殿、强巴佛殿、甲纳拉康、历世班禅灵塔殿、四个扎仓等。

札什伦布寺

雄伟的大殿

寺院内幽深的小巷

藏式风格是寺院建筑不变的主题

措钦大殿，为该寺最早建筑，历时十二年建成。大经堂内，48根朱漆大柱遥相挺立，承托殿顶，殿堂正中有班禅的宝座，大殿内同时可容2000多人诵经，供奉的佛像除释迦牟尼佛及其大弟子外，两边柱上还刻有建寺人根敦珠巴与四世班禅的立像，周围还有宗喀巴师徒和八十位高僧的造像。殿前有一600平方米的讲经场，是班禅向全寺僧众讲经和僧人辩经的场所，讲经场四壁有石凿而成的洞穴，佛教祖师、四大天王、十八罗汉和形态各异的千尊佛像和八十位佛教高僧及各种飞天仙女、菩萨。大殿左侧，是公元1461年，在阿里古格王觉五扎蚌资助下扩建的大佛堂，当中塑造了一尊高十一米的弥勒佛像，佛像面部形态慈善和蔼，端庄娴静，由尼泊尔工匠与藏族工匠共同完成。大殿堂右侧，是度母佛堂，里面安放着高两米的白度母铜像，两旁是泥塑的绿度母像。经堂里面用喜马拉雅山麓的片岩铺成，整个环境弥漫着一种修行炼法的浓厚气氛。

强巴佛殿，在札什伦布寺西侧，殿宇宏大，藏文叫“强巴康”。内有引人注目的强巴佛大铜像一尊。大殿建于1914年，由九世班禅曲吉尼玛主持修建。强巴佛殿是座五层大殿，下面还有两层回廊。殿高30米，建筑面积862平方米。佛殿全为大石垒砌，接缝密实，庄严肃穆。整个佛殿分为莲花殿、腰部殿、胸部殿、面部殿、和冠部殿等五层，每层顶角各卧雄狮一尊。从殿堂攀登到顶层有木梯105阶。上部殿檐系缀铜铃，殿堂以铜柱金顶装饰，气势雄伟壮阔。强巴佛殿前经幡高高矗立，直指云霄。强巴佛蹲坐在高达3.8米的莲花基座上，面部朝南，俯瞰着寺宇，佛像高26.2米，肩宽11.5米，脚板长4.2米，手长3.2米，中指周长1.2米，耳长2.8米，是巨型雕塑行列中的珍品，也是世界上最高最大的铜塑佛像。铸造这尊佛像，由110多名匠人参与，花费4年时间才完成。共耗黄金6700两、黄铜23万多斤。佛像眉宇间镶

饰的大小钻石、珍珠、琥珀、珊瑚、松石 1400 多颗，其他珍贵装饰数量更多。

灵塔殿，札什伦布寺的灵塔是历代班禅的舍利塔。札什伦布寺里修建的班禅灵塔共有 8 座。1985 年至 1989 年，十世班禅大师为五至九世班禅重新修建了一座合葬灵塔殿，取名叫“札什南捷”（吉祥的天国），历时三年零八个月完成，总建筑面积为 1933 平方米，高为 33.17 米，其中灵塔高度为 11.52 米。塔身鎏金以银皮包裹，遍镶珠宝，雕饰华美，造型庄严，塔内装饰也非常考究。五至九世班禅遗骨，分装在 5 个檀香木盒内，安放在灵塔的宝瓶里。灵塔正中安放着九世班禅曲吉尼玛的铜像。大殿四周墙壁绘有藏传佛教各教派的著名高僧业绩的壁画。四世班禅的灵塔，重建在原五世班禅的灵殿里。一至三世班禅的灵塔祀殿没有修建在札什伦布寺。一世班禅曾任甘丹寺第三任池巴（住持），圆寂后灵塔修建在甘丹寺。二、三世班禅生前任恩贡寺池巴，圆寂后其灵塔均修建在恩贡寺。“释松南捷”是第十世班禅额尔德尼确吉坚赞大师灵塔祀殿，为建好灵塔祀殿，国家拨出经费 6424 万元，黄金 614 公斤，白银 275 公斤。展现在世人面前的“释颂南捷”大殿，总建筑面积为 1933 平方米，高 35.25 米。祀殿主体采用了现代建筑中的钢筋水泥框架结构，墙壁以花岗岩砌筑，墙厚达 1.83 米，达到八度防震要求。整个建筑以西藏古代宗教建筑风格为主，吸收了唐、清建筑艺术特色和佛教灵塔建筑形式。祀殿由红色和棕色两大建筑部分组成，在殿的顶端，覆盖着具有民族宗教特色的金顶。灵塔面积为 253 平方米，塔高 11.55 米，塔身以金皮包裹，遍镶珠宝。

甲纳拉康，意为“汉佛堂”，是西藏其它寺院不曾多见的佛堂。佛堂内珍藏着历代皇帝赠送班禅的永

法事活动

乐古瓷、金银酒盏、茶碗碟盘、玉石器皿、纺织品类等诸多礼品。最早有唐代的九尊青铜佛像，相传是文成公主带进藏的。晚些的有元朝时期的一尊骑在野猪上面的赤身女度母铜像，还有清朝皇帝赐给班禅的一枚重16.5斤，上镌汉、蒙、藏三种文字的金印。此外，还有宝石佛珠、封诰敕书、经卷等。殿内还有一清朝驻藏大臣与班禅的会晤堂。

另外，该寺还有脱桑林、夏孜、吉康、阿巴四个扎仓，以及时轮殿、印经院等建筑，形成一个庞大的建筑群。

拉卜楞寺

拉卜楞寺，藏语称“噶丹雪珠达尔杰扎西叶苏旗卫林”，意为“足喜讲修宏扬吉祥右旋洲”，简称“拉章扎西旗”。第一世嘉木样活佛选定大夏河旁的扎西旗为寺址，后拉章（佛殿）建成后，出于对大师的尊崇，在寺名前冠以“拉章”，称“拉章扎西旗”，久之“拉章”转音为“拉卜楞”，且广泛使用，于是“拉卜楞”成了寺名和地名。

拉卜楞寺位于甘肃省夏河县拉卜楞镇西头，坐落在大夏河北岸，座北向南，西北山似大象横卧，东南山松林苍翠，寺前开阔平坦，大夏河自西向东蜿蜒而流，形如右旋海螺，是一块山清水秀的好地方。

1709年（康熙48年），第一世嘉木样活佛受青海和硕特前右旗贝勒察汗丹津之请，在故里修建了拉卜楞寺。在距今300多年的历史中，成为一个具有6大学院、48座佛殿和昂欠（活佛府邸）、500多座僧院的庞大建筑群，这些建筑可分为石木结构和土木结构两类，外石内木，有“外不见木，内不见石”之说，建筑形式有藏式、汉宫殿式和藏汉混合式，该寺规模宏大，列居格鲁派六大寺院之一。

拉卜楞寺的大经堂称作“措钦措兑”，也叫闻思学院经堂，为全寺之中枢。初建时只有80根柱子，1772年第二世嘉木样扩建为140根柱子，可容纳3000僧人诵经。1946年，五世嘉木样又建了前殿院，至此，大经堂成为有前殿楼、前庭院、正殿和后殿共数百间房屋，占地10余亩的全寺最宏伟的建筑。

续部下院经堂，位于大经堂东北，初建于1737年，正殿东西五间，南北1间，系藏式建筑，殿顶法轮、幢幡俱全，内供密集、怖畏、胜乐等密宗佛像，其后殿供奉一世德瓦仓等7位活佛之灵塔。

拉卜楞寺

金碧辉煌的大殿

贡唐铜塔

佛塔

威武的狮子

时轮学院经堂，坐落于大经堂右侧，建于1763年，正殿东西5间，南北11间，具有浓郁的藏式风格，内供时轮金刚铜佛像。后殿正中供奉释迦牟尼和七大弟子像，左右供奉着堪布仓、贡唐罗智仓、丹巴嘉措等活佛灵塔。

医学院经堂（曼巴扎仓），建于1784年，正殿南北6间，东西5间，殿内供奉药师佛和拉科仓的舍利塔，殿前厢廊内绘有人体脉络图。

红墙金瓦

建筑上的彩绘

喜金刚学院经堂，建于1879年，仿拉萨布达拉宫南杰扎仓样式修建。1957年失火烧毁，后国家拨款按原样重建。

续部上学院经堂，建于1941年，正殿东西5间，南北10间，高达三层，顶层为宫殿式，绿色琉璃瓦覆盖，故称绿瓦寺。

拉卜楞寺还有众多佛殿，主要有：

弥勒佛殿，亦称“寿禧寺”，高达6层，纵深各5间，初建于1788年，1844年由卓尼察汗呼图克图额尔德尼班智达捐资予以翻修，并建金瓦亭。该殿为藏汉混合式结构，最高层为宫殿式的方亭，四角飞檐，上覆盖鎏金狮、龙、宝瓶、法轮、如意，在阳光下金碧辉煌，故俗称“大金瓦寺”。

释迦牟尼佛殿，仿拉萨大昭寺修建，亦是鎏金铜瓦屋顶，俗称“小金瓦寺”。该殿高三层，二层内供奉释迦牟尼像，两侧有两根铜质龙柱，释迦牟尼佛像顶部供有释迦牟尼金佛，高约70公分，是第一世嘉木样从西藏本对地方迎请来的，十分珍贵。第三层为嘉木样护法殿。

宗喀巴佛殿，高三层，内供宗喀巴鎏金佛像，高约12米，还供奉有观世音、金刚手、文殊菩萨以及小铜佛1000尊、救度母21尊。

千手千眼观音殿，原为河南亲王之家庙，供奉千手千眼等佛像多尊。还有白度母殿、白伞盖菩萨殿、

精美的木雕

悟真寺、寿安寺等多座佛殿。

拉卜楞寺还有众多的活佛昂欠(活佛府邸),较大的有18个,统称“十八昂欠”,建筑一般分前后两院,后院为活佛个人的经堂及住宅,前院房屋建筑较简,多在两层以上,下层为库房,上层为僧侣经堂。

拉卜楞寺尚有藏经楼、印经院、夏丹拉康、菩提法苑、嘉木样别墅、铜塔、厨房和牌坊等建筑。

转经筒

塔尔寺

塔尔寺，藏语称“衮本贤巴林”，意为“十万佛像弥勒洲”。位于青海省湟中县鲁沙尔镇的莲花山下，南距省会西宁市 25 公里。塔尔寺是宗喀巴大师的诞生地，传说他诞生以后，从剪脐带滴血的地方长出一株白旃檀树，树上有十万片叶子，每片叶子上自然现出一尊狮子吼佛像（释迦牟尼身像的一种），“衮本”（十万佛像）的名称即源于此。

塔尔寺是一座蜚声海内外的藏传佛教古刹，也是我国西北地区现存比较完好的著名古代建筑之一。它以藏式建筑为主，兼容汉式建筑以及地方建筑风格，构成了该寺古代建筑的主要特色，经过历代的增建和扩建，逐步形成了殿宇经堂和活佛府邸层叠、佛塔林立、僧舍遍布的建筑群体。整个寺院建筑面积 45 万平方米，殿堂僧舍 9300 余间。

塔尔寺的建筑风格有三大特点。一是依山就势而建，错落有致，殿堂层叠，佛塔林立，僧舍栉比，红墙黄瓦，经轮幡幢绘成一幅神圣、庄严、神秘的自然佛刹景观。二是在建筑艺术风格方面继承和运用了藏汉等民族优秀的传统建筑工艺和技巧，融合藏汉建筑特色为一体，形成了以藏式为主，藏汉结合的新建筑群体。三是塔与寺相结合的表现手法，该寺先有塔后建寺，佛寺和经堂的设计布局从整体到局部巧妙而自然，殿塔相间融合。

如来八塔

藏经阁

大经堂，始建于1639年（明崇祯12年），经多年改扩建，终成为今日之规模。大经堂是全寺面积最大的建筑，建筑面积2750平方米。经堂面宽13间，进深11间，面积1980平方米，为两层回字形天井藏式布置。殿内四楞明柱共计108根，加上西面靠近佛龛的2根，共110根，檐廊明柱10根，内外明柱120根，50根墙内暗柱，共有明暗柱170根，18根通柱所占面积是整个经堂的空间部分，为顶层长方形天井四合院的中心，屋顶部木结构为双层，两层间留有50公分的空间，这是塔尔寺建筑群中又一独具特色的建筑形式。按照设计，大经堂可容纳3600僧人诵经。

文殊菩萨殿，又称三世佛殿，始建于1592年（明万历20年），由9个开间组成，故又称“九间殿”，属联殿性质的建筑。从外面看是一座整体结构殿堂，内部又分成文殊菩萨殿（中殿）、狮子吼佛殿（右殿）、宗喀巴大师殿（左殿）三个部分。分隔处留有二门，从内可以直通三座佛殿。

大金瓦殿，为三层重檐歇山顶藏汉合璧宫殿式建筑风格。大殿平面呈一凸字形，面宽7间，进深5间，底层设前檐廊，宽5间，全部建筑面积456平方米。整个建筑分上、中、下三部分，结构严谨，层次分明。下部建筑形似“须弥座”，二层正面为5开间，装有通窗，有小回廊，其余三面为藏式鞭麻墙，二层为重檐歇山式金顶，三层为金顶，殿脊正中安置一大型鎏金吉祥宝瓶，两侧是喷焰摩尼。殿内正中采用减

佛塔

大金瓦殿远眺

佛堂内的酥油灯

去4根方柱的办法，放大空间，形成上下贯通的天井，这个天井正中恰好是内有菩提树的大银塔位置，为菩提塔型，高达11米。2013年，经塔尔寺僧众的努力，银塔上包裹了金面，已成为大金塔。大金瓦殿是塔尔寺最为宏伟壮观的佛殿，在佛教史上称其为“世界一庄严”。

小金瓦殿，始建于1692年(康熙31年)，是塔尔寺的护法殿。由前院、中院回廊和大殿三部分组成。矩形平面，突出中轴线，对称式布置。后院护法神大殿为主殿，由上、中、下三部分组成，一层殿面宽7间，进深5间，前檐柱是八楞藏式柱，托起三层重檐，梁枋为传统藏式做法，殿内中央三间为上下贯通的空间，二层空间一周设回廊，二层上建有廊式歇山屋顶，绿琉璃瓦面，中部为挑梁小立柱木栏板。金顶在三层平顶上升起，由卷棚和歇山构成前后相连的屋顶，四周设柱廊，形成了一种独特的屋顶结构，金顶造型上，把平顶、坡顶和卷棚的处理方法创造性地融合在一起，达到了极高的建筑艺术水平。

吉祥新宫，藏名“扎西康赛”，供历任法台驻锡，也是历代达赖、班禅来寺的驻锡地，通称“大拉让”，始建于1650年(顺治7年)。是一座由上下5所院落、五华门、牌坊等组成的藏汉结合的建筑群，其建筑面积2000平方米，是一组能满足宗教仪式、行政办公、居住的综合性建筑群，在建筑形制上既体现浓郁的藏式墙体建筑与主殿“嘎玉玛”佛殿双层平顶建筑，也融合了以五华门为代表的典型清代宫殿式营造方式。吉祥新宫建筑群体，空间构成非常丰富，特别是屋顶形式和装饰多姿多彩。主殿藏式平顶上装有鎏金宝瓶、法轮、金鹿等。五所院落布局有纵有横，建筑式样有藏式双层平顶、汉式双层坡顶、单檐硬山式、单檐平顶式等。在硬山式佛堂和坡顶式行宫正脊中设置鎏金宝瓶，两端为吻兽，五华门系汉式歇山琉璃瓦顶，脊设琉璃宝瓶及吻兽，屋顶四角也设吻兽。这些屋顶高低落差较大，故构成了丰富多变的空间轮廓。

花寺前熙熙攘攘的游客

梵教法幢

精美的砖雕与木雕

塔尔寺是一个建筑林立的庞大寺院,精美建筑比比皆是,有始建于1590年(明万历18年)的三世达赖灵塔和殿堂,后通称“遍知殿”;有始建于1603年(明万历31年)的释迦殿;有始建于1594年(明万历22年)的依怙殿,后称“宗喀巴佛殿”;有始建于1716年(清康熙55年)的“森康贡玛”,后称“花寺”;有始建于1649年(清顺治6年)的密宗学院;有始建于1757年(清乾隆22年)的医明学院;有始建于1817年(清嘉庆20年)的时轮学院;有始建于1827年(清道光6年)的印经院;有始建于1689年(清康熙28年)的大厨房;有始建于1776年(清乾隆41年)的如意八塔,以及前后修建的时轮塔、过门塔、菩提塔、藏经楼、坛城殿、酥油花馆和众多活佛华丽的府邸等,构成了塔尔寺建筑的华丽篇章。

佛殿内的塑像

桑耶寺

桑耶寺，藏语意为“幻现寺”，又名“三阳寺”、“无边寺”，位于西藏山南地区的扎囊县桑耶镇境内，雅鲁藏布江北岸的哈布山下。该寺始建于公元8世纪吐蕃王朝时期，由藏王赤松德赞主持修建，是西藏历史上的第一座寺院，也是西藏第一座剃度僧人出家的寺院。寺内建筑按佛教的宇宙观进行布局，中心佛殿兼具藏族、汉族及印度三种风格，因此桑耶寺也被称作“三样寺”。由于历史的原因，该寺形成黄教、红教、花教并存的局面，直至今天，该寺的僧众仍三教并修。

桑耶寺建筑规模宏大，殿塔林立，以金大殿（乌孜仁松拉康）为主体，组成一座庞大、完整的建筑群，总建筑面积约2.5万平方米。整个寺院的布局，是按佛教想象中的“世界”结构设计而成，一般认为是以古印度摩揭陀地方的欧丹达菩提寺（飞行寺）为蓝本，也有人认为，桑耶寺的建筑形式与佛教密宗的“坛城”相似，是仿照密宗的曼陀罗建造的。位于全寺中心的“乌孜”大殿，建筑面积达6000多平方米，座西朝东，殿高三层，式样别致，独具风格，每层殿堂的空间很高，一般在5.5～6米之间，而且第二、三层均在殿堂前建有低于大殿的宽敞阳台，这即能使大殿内得到充足的光线，同时外观也显得更加华丽。从

群山环绕的桑耶寺

桑耶寺建筑

唐卡中的桑耶寺

远处眺望，大殿似五层楼房，实际只有三层，这三层各属不同的建筑风格。“乌孜”大殿象征宇宙中心的须弥山，四方各建一殿，象征四大部洲；四方各殿的附近，各有两座小殿，象征八小洲；主殿两旁又建两座小殿，象征日、月；主殿四角又建红、绿、黑、白四塔，以镇服一切凶神魔刹，防止天灾人祸的发生，而且在塔周围遍架金刚杵，形成108座小塔，每杵下置一舍利，象征佛法坚不可摧。此外，还有一些其它建筑，如护法神殿、僧舍、经房、仓库等。全部建筑又围上一道椭圆形围墙，象征铁围山。

大殿四角有四塔，象征四大天王，分别是：

白塔，即大菩提塔，以八头狮子装饰，形成声闻之风格，交予护法神星宿面夜叉管理护卫，此塔为大臣许甫所造。白塔建在大殿东南角，形制与北京北海的白塔略同，皆用石块、石板砌成，因塔体全为白色故名“白塔”。在塔基的方形围墙上，立有108座小塔，塔身方形，在腰部以上逐层收分如阶梯，上有覆钵形塔腹，覆钵扁平而宽大，没有龛门，宝刹上置十七环相轮。在转经道旁有十六罗汉石像，分别雕刻在边长为0.74米的方形石板上，极为精致。

佛塔

具有早期印度寺院风格的建筑

红塔，系长寿菩萨之风格，饰以千朵莲花，交予护法神红目星神管理护卫，此塔为拉郎所造。红塔建在大殿的西南角，造形极为特殊，塔身用砖石砌成，形方而实圆，状如覆钟，腰部以上呈环状纹，上部为覆钵形塔腹，宝刹之上置两段相轮，上为七环，下为九环，塔身为土红色并泛有光泽。

黑塔，以如来佛之遗骨为饰物，其形制系独角佛风格，交予护法神铁嘴空行母夜叉守卫，此塔为达热鲁贡所造。黑塔建在大殿的西北角，刹盘上托宝剑，第二级相轮七环，上即瓶盖和宝珠。塔身为条砖砌成，全为黑色。

绿塔，即法轮如赤(佛十号之一)风格，以16座神殿为饰物，交予护法神降魔金刚护卫，此塔为多杰智琼所造。绿塔建在大殿的东北角，平面呈四方多角形，塔基甚高，沿阶数级而达第一层，四面各有龛室三间，内有塑像，每面都有明梯通往二层。二层每面只有龛室一间，亦各有塑像。第三层为覆钵形的塔身，上置相轮宝刹，刹身很长。相轮分为三级，每一级自方形托盘上置相轮九环，中间一段为第二级，有相轮七环，第三级有相轮五环，伞盖上承宝瓶和宝珠。塔身为绿色琉璃砖砌成，砖为土加粗沙烧制，质地坚硬，釉色苍郁而富光泽，极其精美。

这四座塔不仅形制奇特，而且风格古雅，是西藏稀有的文物古迹。

桑耶寺还有交尼、加嘎巴、左金拉嘎尼、嘎玛卡、那木达等20多座佛殿，形成辉煌而繁密的建筑群，《贤者喜宴》中称道："此寺系一难以想象之建筑，此世间无以伦比之寺院"。

萨迦寺

萨迦的“萨”，藏语意为“土”，“迦”藏语意为“灰白色”，“萨迦”即为“灰白土”之意。因在灰白土的地方建立寺庙，便取名为“萨迦寺”。该寺700年前为萨迦派、萨迦王朝的中心，也是当时西藏政治、经济、文化和宗教的中心。

萨迦寺在日喀则地区萨迦县境内，位于县政府所在地的重堆本波山下，海拔4316米。萨迦寺分南、北两寺，仲曲河横贯其间，北寺坐落在北岸的本波山“灰白土”山岩下，南寺位于南岸的平坝上。萨迦寺因库藏的珍贵文物繁多，被誉为“第二敦煌”，也是西藏最大的寺庙之一，占地面积约4.5万平米，有大殿108座，佛殿经堂约300多个，建筑面积约70万平方米，吸取汉式城郭式建筑风格，匠心独具，特色十足。

北寺修建较早，由萨迦派创始人昆·衮却杰布于1073年创建，后经几代祖师的苦心经营，尤以萨迦王朝的建立，北寺得以不断扩建，沿仲曲河北岸层层修建，连绵逶迤，殿塔林立，僧舍密布，鳞次栉比。曾有古绒森吉呀尔布颇章、森康宁巴（旧宫殿）、努·曲美增卡典曲颇章（胜乐宫殿）、乌孜宁玛祖拉康、细脱格笔玛（细脱措钦大殿）、乌孜萨玛朗达古松殿、德却颇章、朗杰拉康、玉妥拉康、都康拉康、夏珠拉康等主要建筑及细脱拉章、都让拉章、仁钦岗拉章、甘丹拉章、苏康拉章、仲琼拉章、扎木且拉章、堆敦塔、灵塔群、尼达拉章、夏旦拉章等众多附属建筑。森康宁巴高三层，其底层以甲央修行洞和洞内的神

萨迦寺

水胜迹而闻名。南寺修建较晚，位于仲曲河南岸的玛永扎玛平坝上。相传，当初选址时僧侣和信徒一致认为建寺庙一定要具有防守、防火功能，便在本波山和巴钦颇章顶上各架一门火炮，向山下打石选点，结果一石落在大殿门前左侧，一石落在大殿广场中央，即涌出泉水，众人皆认为祥瑞之兆，便决定在此建寺。1268 年萨迦首任本钦释迦桑布奉八思巴（1235～1280 年）旨意，以杰日拉康为蓝本精心设计建造拉康大殿，后又由历任萨迦本钦陆续扩建，直到第九任本钦阿伦任职时萨迦寺的建筑工程得以全面结束，至今仍保存完好。当时，一些汉族工匠也参加了施工，后屡次扩建整修，气垫宏伟，平面呈方形，高墙环绕。萨迦南寺基本上仿照汉区古代城池样式，是具有很好防御性能的坚固城堡，护墙河至今仍依稀可辨。

大殿

现将萨迦寺的主要建筑介绍如下：

拉康钦莫大殿，是萨迦南寺主体建筑，面积6700多平方米，可容纳10000名僧人同时诵经。大殿通高24.3米，墙基宽3.5米。殿内圆柱如林，有巨柱108根，中间留有高敞的天井，四周隔成诸多殿堂，成四合院式。殿墙坚实厚重，收分较大，通体主色饰赭红色，底层饰灰色，上接白黄相间的带饰三条，墙体饰红色、白色、灰色(黑色)，是萨迦派寺庙的标志，"三色成花，故称花教"，即红色象征文殊，白色象征观音，灰色象征金刚手。殿顶端四周以木质斗、横梁、间隔方椽向外伸檐，上接白墙和鞭玛草装饰的赭色殿顶，色调明快。顶端鞭玛草上镶嵌诸种铜鎏金图案，东面法轮居中，两侧为金鹿。殿顶装饰幡幢交织，正面及两侧高竖鎏金宝瓶、宝幢，其余三面皆角竖宝幢，中饰宝瓶，相映成辉。拉康钦莫大殿由门廊、大经堂、欧东仁增拉康、普巴拉康、次久拉康、格尼拉康、拉康孜贡康、喇嘛拉康、薛札拉康等建筑组成。东门：门前两侧为转经轮墙，门廊南侧为六趣图壁画，前门以圆木为框，条石为槛，地铺条石，内门为厅堂，2柱3间，中间左右置两排转经轮，南北两间地面抬高50厘米，供不动金刚和马头金刚泥塑像，高约5.5米，神态凶悍。大经堂：面向东，从中心天井拾级而上3级石阶便到大经堂前廊，前廊立方形石柱4根，方形束腰覆莲基座，南柱替木上浮雕2虎，北柱替木浮雕双狮托宝图案。大经堂面积1500多平方米，有圆柱40根，每根挺拔粗大，其中前排中间的"猛虎柱"、"野牛柱"、"忽必烈柱"、"滴血柱"誉称"四大明柱"，尤以忽必烈柱为最，通高6.6米，直径1.23米，柱基直径1.65米，系元世祖忽必烈所捐赠，故名。经堂中央开有天窗用于通光通风，天窗东、南、北三面为玻璃明窗。经堂内藏书浩繁，西墙及南、北两墙是

经书墙

著名的经书墙，经架直达殿顶，有用金、银、珍宝粉研墨手写的《甘珠尔》《帕巴杰东巴》等佛典四万四千余部，如此高大的经书墙世所罕见。

欧东仁增拉康，位于拉康钦莫大殿天井之北侧。门向南，面积330平方米，面阔5间进深3间，内有长柱8根。拉康内挂大小幡幢，绚丽多彩，殿内墙上绘有八思巴早年的画像和修建萨迦寺的壁画。东侧有11座法王灵塔，系银质尊胜塔，塔上镶嵌绿松石、红珊瑚、“波谢”、玻璃料器及鎏金带饰，装饰繁缛，富丽华贵。拉康西侧置有经书架，藏有《甘珠尔》《萨迦五祖》《俄强·贡噶桑布传记》等经书。

拉康强，位于欧东仁增拉康内北侧。面积300多平方米，内有圆柱12根，供有灵塔6座，形制为菩提塔5座，多门塔1座，壁画彩绘有坛城、萨迦五祖、护法神、千佛、喜金刚等，其中萨班会晤阔端的壁画最为珍贵。

普巴拉康，位于拉康钦莫大殿南侧。开两门，北向，面积390平方米，有柱10根。拉康内主供普巴，每年藏历七月八日至十九日的普巴节在此举行，内专设一普巴坛城，主供色普、阳达、赤列三大普巴。南侧供台上主供文殊菩萨合金像，通高3.75米，像内供札巴坚赞骨灰，此像由八思巴设计，尼泊尔工匠制作。左供释迦牟尼鎏金铜像，高4.6米。右供无量寿佛鎏金铜像，高1.4米。拉康东侧经架供有《甘珠尔》《般若经》等佛典，壁画以巨幅画像为主，轮廓简洁，形象生动，为元代精品。

次久拉康，位于拉康钦莫大殿二层北侧。面积170多平方米，横排列柱3根，门向南，东有一小门通内室。殿内北侧及东侧北端供有银质和鎏金铜质灵塔5座，塔座浮雕狮、法轮、琵琶天王，镶嵌绿松石、

珍贵的壁画

玛瑙、珊瑚、玻璃料器，供有银质造像3尊，其中莲花生塑像1尊，空行佛母塑像2尊。殿内壁画为长寿三尊(无量寿佛、白度母、尊胜佛母)、萨迦法王、护法神、莲花生传记及宁玛派高僧等，琳琅满目。

格尼拉康，位于拉康钦莫大殿前厅二层南侧。门向北，面积140平方米，内横排列柱2根，中间西侧置有天窗用以采光。殿内南侧供有灵塔2座，殿内东、南两侧供有银质和鎏金塑像9尊，造像皆服饰华丽，端坐于双狮须弥座上，仪表泰然，风格独特，手法洗炼，艺术精湛。殿内壁画彩绘长寿三尊、财神及化身、强巴佛、赤松德赞、菩提萨埵、莲花生、八思巴等，栩栩如生。

拉康孜贡康，即护法神殿。位于拉康钦莫大殿二层西北角。门向南，面阔3间进深2间，横排列柱2根，北壁供怙露依怙泥塑像，高1.6米，壁柱悬挂多追达巴(骷髅舞)、普巴、孜多杰那波、金刚持、布扎·米赤阿、嘎玛哇、堆杰等护法神唐卡，诸护法神皆以骷髅为冠，须发竖立，环目欲裂，忿口舞舌，颈系青索，手端外溢鲜血的骷髅碗，阴森恐怖。

喇嘛拉康，位于拉康钦莫大殿三层西北角。门向东，由经堂、佛殿、修行室组成。经堂居中，面阔3间进深3间，有柱4根，中间架天窗，四壁彩绘壁画，题材为释迦极乐世界、确贝拉姆(伎乐仙女)、萨迦法王及高僧、山水瑞兽等内容。修行室仅容1人静坐。佛殿面阔3间进深2间，有柱2根，南侧顶上辟有亮窗，殿内主供俄强·贡噶仁钦、强白多杰等8尊泥塑像，神态各异，壁画绘有萨迦法王、高僧及印度大德等。

薜札拉康，位于拉康钦莫大殿南侧。门向南，门廊2柱，廊壁绘有释迦牟尼传记、四大部洲、六趣图等。拉康内有柱18根，中间2长柱托起天窗。殿内主供释迦牟尼佛，其左右两则供奉强巴佛、金刚佛母、

金刚持、度母、萨班·贡噶坚赞等造像，壁画彩绘圣僧图、八舞女等内容。

拉康拉章，亦称“八思巴殿”，由贡噶桑布主持修建，位于拉康钦莫大殿南侧，门向东，高二层，下层为库房，上层由前廊、经堂、佛殿三部分组成。前廊有两根长柱。经堂面阔7间进深7间，竖有36柱，殿内主供银质毗卢遮那佛，高约2米，另供合金质的普贤大日如来佛37尊，高约0.6米，系尼泊尔工匠制作，还供有泥质的十六罗汉，高0.4米。该拉章为藏式平顶建筑，顶部装饰幡幢。